元 脱脱等撰

宋史

第二二册

卷二三二至卷二三四（表）

中華書局

宋史卷二百三十二

表第二十三

宗室世系十八

太師、建王、謚孝良宗蓋					
昌國公仲江					
武功郎士謂					
秉義郎不替					
善性					
汝磊					
崇敏	崇贊	崇偉	崇份	崇侙	崇伹
必審	必寰		必靇	必芳	

			崇倲	
		汝雩		
		汝晶		
		汝卉	崇傈	
	善足			
	善畫	汝濼		
		汝淮		
成忠郎不磽	善遷			
贈武翼大夫不怨	善符	汝愳	崇瀻	
		汝畓	崇鉌	必潤
		汝太		
	善愚			

左侍禁	士䚮	太子右					
秉義郎	不愔						
善告	善中	善勇					
汝雋	汝臨						
崇全	崇忎	崇震	崇覺	崇鼂	崇目	崇事	
必訒	必誐	必萬	必愜	必忭	必憶		
良噲							

		廣平侯仲佹		安康郡公仲郵
內率府副率士斤	太子右內率府副率士偈	左班殿直士諭	右班殿直士涓	贈昭慶軍節度使、豫章侯士溅
	保義郎不瑀			保義郎

				榮國公、	謚孝節	仲的								
				右千牛	衞將軍	士倫						右班殿	直士帶	
					秉義郎	不謏				修武郎	不嬌		不犯	不紀
善䅳	善暘					善利								
汝傍	汝茷	汝茹	汝龐			汝常								
崇灑			崇灛			崇和		崇相	崇稔					
						必梱	必中							

	贈少師、和國公士慷										
不圮	修武郎不皦							訓武郎不虡			
	善時	善漴						善忎			善照
		汝朴						汝楊	汝晞		汝棬
		崇逵	崇迋	崇䢅			崇熵		崇修		崇倁
				必璪	必瓊	必璗			必玒	必[illegible]	必鑞

									不求	武翼大夫不羈			
	善組									善踐			
	汝早	汝暉	汝昜	汝曼	汝暈	汝晜	汝㬎	汝昴		汝校	汝桴	汝檢	
								崇舒			崇涔	崇熾	崇燐
必鎬												必鏊	

			善統											
汝棅	汝槩	汝櫟	汝鏘			汝鉦	汝槃	汝嶸	汝柴	汝槸	汝桭	汝柲		汝榞
崇謫			崇炁		崇僬		崇焦				崇爙	崇燌	崇點	
必瑋			必瑧	必礦										

													太子右內率府
善呴					善仚								
汝札	汝珮	汝溜	汝櫸	汝濼	汝木		汝柃					汝檯	
					崇僊		崇詘			崇誧	崇諳		
					必效	必敉	必瑑	必堊	必瑁				

副率士作	右班殿直士僧							
	贈武顯大夫不單							
	善翰							
	汝志	汝恴				汝悉	汝遷	
		崇熊	崇翮	崇睬	崇畊	崇眗	崇倍	崇濛	崇徹
				必鏷			必槵	必鑑

右朝請大夫士敔
贈金吾

忠訓郎不尤
不違

善寵
善珙

汝澧
汝憨
汝憋
汝愁
汝戀
汝𢝊

崇盈
崇畦
崇昛
崇浮
崇薄
崇札

必鉦

衛將軍忠翊郎					
士于	不騃				
	贈武翼大夫不敘	善璞	汝偕		
			汝任	崇璦	必談
					必註
				崇瓑	
			汝傒	崇璝	
				崇瑀	必論
				崇琱	
				崇鐙	
				崇瑕	
			汝偊		
		善憲	汝優	崇畤	

			朝散郎	不紿										
		善譓		善神	善覃		善琥			善戠				
	汝仂				汝佩	汝儕	汝瑅	汝柳	汝歐	汝側			汝偲	汝俾
崇盼	崇鍍							崇虡	崇徸	崇晛	崇睭		崇睬	
											必枡	必枌		

太子右內率府副率士悅

右千牛衛將軍士休

右千牛衛將軍士順　不彼

太子右內率府

汝僕

汝佩　崇睟

汝⿰彳念　崇⿰貝卜

副率士深	太子右監門率府率士愭	贈寧遠軍節度使、永國公士穆					
		贈武翼郎不歆					
		善宧					
		汝鍾		汝鋌	汝鋂	汝鎗	汝鏕
		崇畲			崇秇	崇竫	崇衘
		必逯	必渺				

保義郎不譸　贈武翼郎不譞

善馨　善覩　善感

汝銀　汝價　汝恬　汝惓　汝佟

崇衘　崇釛　崇伹　崇偠　崇憁　崇𠑊　崇畬　崇條

善洽											善僩			
汝輳	汝摯	汝孿			汝攀	汝踑				汝踴	汝權	汝櫝	汝槔	汝櫓
		崇澮	崇寮	崇蕢		崇滲	崇迬	崇迻	崇崩				崇龢	
													良椯	

武翼郎不凝 進封開

善郯 善企

汝枚 汝楒 汝沐 汝湀 汝泭 汝漩 汝托 汝偶

崇隮 崇砌 崇參 崇⿰禾廉 崇⿰禾离 崇秞 崇晳 崇礬

國侯不嚴	善幹		
	善栩	汝瑨	
武翼郎不付	善基	汝講	崇班
			崇玩
		汝謅	崇珧
			崇華
		汝諊	崇壏
			崇琉
			崇琥
			崇環
		汝㣨	
		汝諓	
		汝課	
		汝臙	

贈開府儀同三司、永國公士秀

忠訓郎不僥　武節郎不跋　進封開

善契　善霙　善奥　善奘　善凱　善音　善韻　善融

汝訟　汝誼　汝訂　汝謏

							太子右內率府副率仲隱
國伯不掊	訓武郎不樸		修武郎不柴	修武郎不佡			
善惎	善濾	善洌	善採	善晨	善晃	善早	
				汝備	汝境		

華陰侯仲葳
贈武翼郎士訓
贈武節郎不繁
善要　善據　善旦
汝轄　汝蓁　汝轂　汝櫟　汝輪　汝軏
崇枋　崇拚　崇堬　崇橺　崇栴　崇櫰　崇秷　崇稃　崇㰖　崇杜　崇稞　崇相

右千牛

武翼郎　不儕

善乂　善陝　善侅　善泮　善廡　善鑠

汝轓　汝肥　汝儂　汝侗　汝銻　汝硝　汝鑶　汝𥓏

崇𤤀　崇類　崇鏌　崇鈓

贈太師、袁王、諡僖孝宗勝						
右監門率府率仲呂	昌國公、諡良孝仲拼					
衞將軍士鄭	右監門衞大將軍士侑					
忠翊郎不畸	贈武翼郎不蠱					
善裕	善儼					
汝澓	汝流	汝瑁	汝迒	汝夔	汝珅	
崇浪	崇港					

贈婺州觀察使、東陽侯士隅

贈武翼郎不俗　秉義郎不傴

善湝　善喇　善班　善巖　善鞏

汝儐　汝鋏　汝仢　汝欐　汝榕　汝櫝　汝櫰　汝玢

崇騤　崇璁　崇玘

必僕　必相　必棫

善紋

汝璉　汝{王勤}　汝鏇　汝仍　汝榶　汝宓

崇澰　崇楬　崇淳　崇溧　崇堚　崇圳　崇滽

必愿　必息　必憖　必楱　必楉　必杵　必浮　必洤　必濘　必銻　必噡

良擠

太子右內率府副率士輸			右監門衛大將軍士儴			
			成忠郎不相	贈武功大夫不諢		
				善璩		善祉
				汝𨘗		
崇粹				崇渚		
必肏				必甯	必勔	必励	必勬

												仲塤北海侯太子右內率府副率
											士譽	士保義郎
											不嫉	
善磬			善聯	善祺					善綷			
汝邈	汝迎		汝邅	汝璓	汝穉				汝逾	汝偤		
	崇欣				崇瞉	崇護	崇譕					
	必意	必憖					必壇	必堇				

鐏	不鄙	
	保義郎不鄰	
右班殿直士鏕	不備	
榮州團練使、開國侯士	秉義郎	
眵	不惸	
	贈明州觀察使不讀	善裒
右監門衛大將軍士敦		

太子右內率府副率士誨

太子右內率府副率士劾

成忠郎不懟

忠翊郎不慮

嘉國公贈恭州團練使仲攸

士等

成忠郎不挫

成忠郎

太子右内率府副率、入道改翠微郎士符

太子右内率府副率士策

不蹇

成忠郎不御

善誠

成忠郎不彫

												贈太師、	惠王、謚	僖節宗
						濟陽侯	仲衮							平陽郡
右監門	衞大將	軍士導	太子右	監率府	率士竿	太子右	監門率	府率士	豁					朝議大
								成忠郎	不閑	成忠郎	不惛			修武郎

楚														
王仲賜														
夫士悊														
不欺	秉義郎	不同											忠翊郎	不詆
		善式												
		汝鄙				汝溥			汝頎	汝悏	汝抑	汝鈍		
		崇槻	崇棪	崇榞	崇栯	崇椷	崇櫶	崇梭				崇槷		
			必贇	必奭		必炥	必喜	必棣						

昌國公仲嚋

惠國公仲璩

太子右內率府副率士看

右千牛衛將軍士記

朝散大夫士虓

高州團練使士哲

贈承議郎不物

善勯

善愿

汝暮

汝悆

汝昌

贈太師、欽王、諡穆恪宗祐

右監門率府率仲獮
清源侯仲厥

右班殿直士踓
右班殿直士淦
太子右內率府

善芑
善礽

汝董
汝衜
汝瀙
汝津
汝蘭

崇楦
崇桊
崇欀

				副率士	
				踽	
				右監門	
				衛大將	成忠郎
				軍士招	不惓
				右監門	
				衛大將	
				軍士輪	
				康州刺	
				史士途	
				右班殿	
				直士濉	
			簡國公、		
			謚榮孝	贈太中	
			仲璒	大夫士	

俩

不話　不慳　不詔　成忠郎不隉　贈武經郎不惛

善暮

汝蕃　汝鈞　汝勁

崇岫　崇𡾰　崇崠　崇錦　崇嶓

必嶔　必崋　必成　必嶁　必邊　必岱　必畄　必嵤

良驂

												成忠郎	不遨	成忠郎
			善譜				善釭			善澧				
			汝玗		汝鋈		汝銓	汝硂		汝楄				
崇巉			崇仴		崇仟	崇値		崇錄	崇鈒	崇嶒	崇岵			
必儁	必僬	必佋	必暟	必昕				必岑						

										贈越州	觀察使	士眈		
不敝	贈中奉	大夫不	懊									不慽〔一〕	忠翊郎	
			善救		善詒		善祁	善彙						
			汝玏		汝⿱弗力			汝勵	汝劬	汝鋅				
			崇涗	崇淶	崇堪	崇墿								
					必祝									

康州刺史士磑　贈保信軍節度使、東陽侯士靚

不慄　秉義郎不詀　成忠郎不慽　成忠郎不恪　不慨　武經郎不悁

善嗺　善覺

汝滄　汝浮　汝熯

崇惰　崇苗　崇范

									贈奉直大夫士		負			
										訓武郎	不劌			
	善界				善⿱雨壽						善諏			
汝熄	汝熏				汝倂	汝伍	汝⿺辶仍	汝⿰言疌			汝延			汝⿱竹至
	崇煟	崇鏑	崇⿰火离	崇楷							崇謷	崇醫	崇譮	崇蓋
														必埌

							贈婺州	觀察使、	東陽侯	士赫				太子右
					成忠郎	不許		追封安	化郡公	不外			不諛	
	善萃									善禦	善褆	善禕		
	汝玗		汝⿰王朁	汝球										
	崇鉀	崇鐯												
必葆	必淆	必⿰氵庶												

沂國公　仲玲

監門率府率士講　太子右監門率府率士卞　太子右監門率府率士科　贈保寧軍節度使、新安郡公士

保義郎

	恭	不亢	
		太子右	
		監門率	
		府率不	
		楛	善琬
			善珖
		保義郎	
		不杜	
	士沖	不悔	
	右監門		
	衛大將	成忠郎	
	軍士蘋	不琑	
	吉州刺		
	史士忠		
忠州團	太子右		

練使仲儆　太子右內率府副率仲㬈

監門率府率士聳　太子右監門率府率士禰　太子右監門率府率士眷

博平侯仲覥					
右朝奉大夫士闢	右千牛衛將軍士闟	右千牛衛將軍士開	贈明州觀察使、奉化侯士闡		
武翼郎不疎			從義郎不沴		
			善似	善值	善儉
			汝甯	汝槃	

從義郎	不媮		訓武郎	不僄		武德郎	不阤							忠翊郎
	善穌	善鐕		善須	善袤		善塵					善庭	善廠	
		汝稀					汝浧		汝逍		汝遱			
							崇瀧	崇滮	崇泛	崇沠	崇冽			

			贈太師、景王、謚孝簡宗漢				
		左屯衛將軍仲琩	武康軍節度使仲珙				
	忠翊郎士衎		贈保信軍節度使、東陽郡公士弌				
不秠			贈從義郎不鈌				
善銖			善執				
			汝建		汝湆	汝迄	
			崇稷	崇白	崇玿		
				必瑒			

武德大夫不僊	善恭	汝遷		
		汝祥	崇䅺	必槼
			崇原	
			崇穠	必棸
		汝礽		
		汝穮	崇焦	必晊
				必旰
		汝測		
		汝灑	崇腁	
		汝佰		
贈訓武郎不璲	善聳	汝諮		
	善亹	汝焯	崇䆀	
			崇譸	

右監門衛大將軍士鑄　太子右監門率

忠訓郎不窦　武德郎不諓　成忠郎不諷

善緣　善綱　善舒　善標

汝熩　汝透　汝滲　汝垕　汝瑓　汝玔

崇消

安遠軍承宣使	仲彩			
府率士	錫太子右監門率府率士	錄太子右監門率府率士	涎太子右監門率府率士	鐸贈武顯大夫
				不酖
				善揮
				汝棣
				崇仢
				必徭

汝樛			汝楢		汝櫨				汝橅	汝窠				
崇僴		崇伔	崇侍	崇玣	崇澍	崇俠	崇伷	崇佫	崇倘		崇𤥭		崇僡	
	必奝	必奩										必俏	必佲	必御

												訓武郎	不劌	
					善攝						善壞		善揣	善融
		汝欐			汝迅	汝槪		汝槭	汝柱	汝枹				
崇滭		崇秕	崇堰	崇祓		崇旴	崇睞	崇膃						
必太	必[illegible]													

贈太師、咸安郡王、謚敏				
士銖	贈武經郎不耜	善玒	汝潚	崇䐺
			汝涸	
		善泳		
		善奎		
		善奮		
	贈武翼大夫不渝	善璪	汝汻	
		善琰	汝沘	崇㮦
				崇𣞻
				崇欖
	成州團			

練使不儔						不執	朝散大夫不踑			追封安化郡公不諏
善遇	善與					善綫	善慰	善緇		善畬
汝酐	汝洩				汝潒			汝御	汝漊	汝滈
	崇窱			崇禨	崇棹					
	必懭	必澗	必儉							

						太子右	監門率	府率士	鑢				
贈朝散	郞不縮						贈武翼	大夫不	咈				
	善卿	善覝							善慥				
		汝溁			汝澴				汝垕				汝壐
		崇栦	崇拾	崇搖					崇鈉		崇錫	崇鈔	崇瑞
									必澄	必澗			必沄

												汝垐	汝墊	
				崇璧		崇玭		崇珽	崇璹	崇璥			崇珍	
必泓	必洐	必沽	必訴	必淀	必濰	必⿰王奚	必泇	必沔	必漸				必湞	必濛	必學

善鉤														
汝淑						汝泓	汝津	汝溶		汝潾		汝淖	汝渶	
崇樫				崇槿	崇槽	崇儻	崇稽	崇憺	崇悁	崇梅	崇椅		崇乘	崇東
必戾	必晛			必熜	必詥					必燆	必烽			
	良垓	良埥	良墀											

		善譪							善訪		善灼			
汝滱		汝琬	汝珪				汝灉		汝栝	汝樻	汝櫞			
崇橦	崇轄			崇樞			崇煬	崇爤			崇迹	崇遡	崇隧	崇適
				必鋹	必鏠	必鏻							必椹	
				良逵										

											武德郎	不繙		
					善冠					善楈		善瀛		
	汝櫌		汝櫝	汝臯	汝廉	汝浙	汝漼	汝洴	汝汜			汝迈	汝過	
崇退	崇仝	崇余										崇恕	崇溡	崇汸
	必暌													

								善瀁			善轍			
	汝貪	汝迋					汝送	汝驤	汝馭	汝聰	汝澗			汝㴧
崇淤	崇雱	崇湀				崇淑			崇原		崇秿	崇秳	崇櫓	
		必顯	必灝	必顒	必恁									

承宣使 昭信軍

吉州刺 達 府率士 監門率 太子右 最 副率士 內率府 太子右 大 府率士 監門率 太子右

成忠郎

汝瀌

仲暑

史士㮂　榮州刺史士睦　太子右內率府副率士祈　右千牛衛將軍士浩　太子右監門率府率士

不瞑　成忠郎不竭

右監門率府率仲賢

感德軍承宣使仲係

滆

太子右監門率府率士禔

太子右內率府副率士湛

太子右監門率府率士

美	從義郎士雄											
	不幾	訓武郎不舒										
		善錀					善鏗		善銑	善鐶		
		汝悚	汝憐			汝㦝	汝鐮	汝錫		汝瀂		汝圢
			崇隱	崇陴	崇愷		崇蕙			崇⿰火民	崇燑	

					右千牛衛將軍	不戾		保義郎	不蛊	訓武郎	不玭		
	善銀			善鐵〔三〕		善燦					善鐵	善鏘	
汝濐	汝砎		汝琦	汝瓚		汝烊	汝坾					汝蕢	
	崇鐱	崇惠										崇愍	崇鋪

昭慶軍承宣使贈右衛

保義郎不狎　忠翊郎不踻

善鉛　善鈁

汝鑌　汝慗　汝愿　汝慧　汝憙　汝𡪳　汝恝

崇憕

仲分

將軍士琬　贈金州觀察使、

成忠郎不遺　不桊　武節郎不糾　武翼郎不辱

善遂　善迬

汝惀　汝憪　汝懔　汝愃　汝[illegible]

崇濴　崇瞏　崇縈

安康侯	從義郎	
士瑄	不袴	善機
太子右內率府副率士報		
右千牛衞將軍士與	不忮	
太子右內率府副率士憂		
右千牛衞將軍		

					太子右	內率府	副率仲	俟	榮國公	仲璸		瓊王、諡	恭憲仲
士稹	太子右	內率府	副率士	授				太子右	監門率	府率士	拾	贈開府	儀司三

偏	司、和國公士周	贈武顯郎不騫	善醴	汝逮	
				汝洒	
				汝逢	崇珠
					崇炫
					崇熅
			善琠		
			善瑎	汝譔	
				汝諛	
			善鍇		
			善鉞	汝坩	
		武德郎不黜	善賚	汝沼	
				汝淞	
				汝瀣	

康州防

太子右監門率府率士　表　太子右監門率府率士　濤　太子右

忠訓郎　不吪

善軻　善軹　善厖　善張　善柯

汝昭

禦使仲玣			
監門率府率士賽	太子右監門率府率士賢	太子右監門率府率士瀾	太子右監門率府率士鼔
			不危

忠州團練使仲玶	太子右監門率府率士偶					
	贈開府儀同三司士悉	從義郎不施	善琬			
			善麐	汝杉		
				汝柘		
			善𩂯	汝㮚	崇𡟱	
					崇埔	
				汝碤		
				汝楑	崇掬	
					崇漥	
					崇瀎	

武節郎不摧

善祿　善象　善稟　善辭　善枅　善錄　善梗

汝楀　汝樺　汝銀　汝楀〔三〕　汝株　汝潭　汝漾　汝淬　汝爟　汝烶　汝煊

崇謷　崇訹

右監門率府率 仲栒右監門率府率 仲藕右監門率府率

武節郎 不躓

善槐 善楑 善罕 善逑 善諮 善歷

汝煵 汝堅

	越王房
	越王、謚文惠元傑
	子幼亡不及名，詔以允言子宗望繼其孫。
	高密郡公宗望
仲詧右監門率府率　仲熠	贈保靜軍節度使、開府儀同三司、謚良僖仲郃
	贈陳州觀察使、陳國公士闕　贈越州
	襲封越國公不器

觀察使、									
會稽侯士稷									
左侍禁不伐	右班殿直不累	從義郎							
善賀									
汝貸	汝贇								
崇道	崇信	崇德	崇榮	崇倡	崇大	崇賁	崇亮	崇至	
必和	必規	必開							

贈安化軍節度使、觀察留後、高密郡公士耕

贈右屯衞大將

不黨

秉義郎不咎

成忠郎不敏

承信郎不忮

三班奉職不違

	軍士蚪	
	左侍禁士覘	承信郎不欺
	秉義郎士碥	
	左侍禁士榛	
	朝散大夫士瞰	
東平侯仲嘉	贈開府儀同三司士附	三班奉職不矜
		右侍禁不復
		右班殿

贈忠州觀察使、高密郡公士絙

直不仲

三班奉職不愆

三班奉職不攝

忠訓郎不怡

宣義郎不緑

三班奉職不仲

左班殿直不臨

			武功郎 士錠												
不戡	不偈	不踈	訓武郎 不華	承節郎 不抗	武翼郎 不婁				成忠郎 不耀	保義郎
				善時	善璇	善效				
				汝羲	汝俊	汝亐	汝最	汝峻		
							崇允			

					忠訓郎士晳					
不違	忠翊郎不同		成信郎不惑	不雉	承節郎不奢	承信郎不侈				
	善建					善鋌		善欽	善錡	善鏄
	汝鵩	汝疆				汝粉	汝棣	汝納		汝極

河內侯仲炎			
太子右內率府副率士艮	太子右內率府副率士屏		
成忠郎不染			
善釗			
汝芬	汝犧	汝符	汝祝

內率府副率士蹠	贈右屯衛大將軍士暐	贈武功大夫士迒			
		贈武節郎不倚			
		善訑			
汝弈	汝充	汝童	汝音	汝晉	汝育
			崇瓃	崇璜	

												華原郡	公仲峭	
												贈保大	軍承宣	使、高密
			承直郎	不慽	武翼郎	不息					不必			秉義郎
善淵	善謀	善讓				善詩	善調	善謙	善誘	善輝				
	汝褒	汝卞				汝忻								
	崇澂													

侯士竞								
不愈	三班奉職不回	武翼郎不溢						
善建								
汝昭	汝蒙	汝楮	汝儷					
崇樸	崇恪	崇愷	崇字	崇萃	崇保	崇億	崇隨	崇慨
必達	必信							

右班殿直士珝	不盛				
贈敦武郎士懞	修武郎不求	善仁	汝能	崇珪	
				崇琭	
				崇瓌	
				崇璡	
	不已				
	不僭				
	承節郎不羣	善亶	汝悊	崇佚	必戩
			汝皡	崇訽	
				崇漪	必茂
			汝晄	崇倬	

右侍禁士宕　右班殿直士衮　武經郎士訢

不佞　保義郎不愿　修武郎不溢　秉義郎不回　承信郎不盈　左承直郎不乙

善俊　善貸　善逵

汝典　汝巽

崇憪　崇儒

右監門率府率

右班殿直士冀
右班殿直士鑒
敦武郎士涇
右班殿

忠翊郎不丙
承信郎不丁
不未
不戊
不倚

善罍
善峃

汝勵

仲䔻

直士汶

右班殿直士洑

武經郎士拳

從義郎士棣

校勘記

〔一〕不惐　本欄同一仲璲房下前後有兩「不惐」，疑有重複。

〔二〕善鐖　本欄同一士雄房下前後有兩「善鐖」，疑有重複。

〔三〕汝楀　本欄同一不施房下前後有兩「汝楀」，疑有重複。

宋史卷二百三十三

表第二十四

宗室世系十九

鎭王房

鎭王、謚恭懿元偓	相王、謚孝定允弼	祁國公、謚良宗述	右監門率府率仲璆					
			潤國公仲俶	內班殿直士掄	贈太中大夫不懼	善況	汝訒	崇策

內殿崇班士□													
	不柔	不溢			不愚								
			善信	善智	善仁					善愈	善回	善雄	
						汝檣	汝⿰馬柬		汝覬	汝駿			
						崇驪	崇檜	崇盤	崇駜				崇見
						必璉		必瓛	必琪				
								良⿱𡨄玉					

贈武翼大夫士輗												
武經郎不屯												
善計	善診		善註	善誃	善諗			善詞	善誕			
	汝辜		汝侁	汝钃	汝訓				汝檻	汝根	汝椁	汝檞
	崇袂	崇蘖			崇旝	崇旄	崇旔					

		汝德
武節郎不弌	善謕	汝閎
	善訴	
	善謞	
從義郎不慺		
不慊	善謙	汝櫑
	善璊	汝櫄
不裒	善玦	汝勍
		汝構
承信郎不卞	善郪	
	善識	
	善栻	汝協

							汝炷				
					承信郎不廱						
			高密郡公仲誘	太子右監門率府率士嗃							
				贈滄州觀察使、景城侯士禍	忠翊郎不危						
					三班奉職不懦						
				武經大夫士屹							

左班殿直士瞷	武翼大夫士貙							
	成忠郎不諂	成忠郎不遷						
		善延						
		汝絭						汝舜
		崇櫝	崇櫋					崇碏
		必袤	必茷	必菄	必萬	必葦	必莢	必菂

汝舜		
崇碏	崇圠	崇𡑞
必湡		必榮

														右班殿
		武翼郎	不僂										不迂	
	善鳳		善挹	善彬						善揚				
汝墜				汝暭			汝睹			汝暹				
崇垠				崇軺	崇䡵	崇浪	崇輕	崇輜	崇軝	崇贊				
										必緝	必鉺	必鋫		

							奉化郡	公仲[illegible]						
直士肆	右班殿	直士鏞	右侍禁	士慭	從義郎	士蒸	贈感德	軍承宣	使、清源	侯士瑄				
				不信					修武郎	不倚				
										善濟	善淵			
											汝賢			
											崇祜		崇績	
											必高	必旺	必穠	必[illegible]
												良㯖		

汝霖	汝稈			汝錫				汝彬	汝梅	汝悅				
崇嗣	崇璘			崇高			崇枏			崇玢				
	必議	必謰	必譽	必彰		必魁				必慨		必儻	必佇	
				良梓	良櫟					良壖	良墉	良演	良蓬	良遷

				成忠郎不懃	武經郎不覞	承信郎不越	
			善信				
		汝哲					
崇玗		崇琪	崇琮	崇琩			
必僖	必佩	必侇	必悬	必暲	必磃	必鑇	

武經郎	士伃													
承節郎	不蔽	承節郎	不倦	秉義郎	不辱				武經郎	不諱		承節郎	不讓	從義郎
					善愊	善忔	善沾	善恂		善長	善言			
						汝須								
						崇壿								
						必硂								

不詩							從義郎不諛						
善恪	善恢	善惇	善懌			善愷	善澐	善釋			善覊		
	汝烴		汝諧	汝試	汝明		汝寗	汝魁	汝隅	汝彗	汝祜	汝葳	汝桱
			崇懀	崇爌			崇縹						崇垷

												忠訓郎從義郎	士俾	
		秉義郎	不許										不他	
			善顴										善祖	
			汝愻	汝封		汝慇			汝懽	汝俾	汝傑		汝樗	汝楠
崇臺	崇汭			崇城	崇瀆	崇瑽	崇泤	崇瀤						

	不蔽				
	不驕				
	秉義郎不黨				
	忠訓郎不倚	善淵			
		善信			
武翼郎士琰	不比				
	不器				
	忠訓郎不猛	善郱			
		善愿	汝彫	崇[illegible]	必舒
					必鐲
					必鏩

					善咊							善目		
汝示					汝旂	汝害	汝靡					汝攻	汝瀏	汝伉
崇潙	崇鏌	崇衕	崇鑯	崇钃		崇招	崇䜒	崇詪	崇譁				崇誚	崇鐮
							必沰		必滓	必浲	必淑			

			嘉國公仲醻						
	武翼郎士意	秉義郎士韶	右侍禁士燕	武經郎士嚼					
不驕				從義郎不迷	保義郎不荒				
					善緼	善辤			善伴
					汝陶	汝諶	汝純		汝陞
							崇闓	崇闡	崇閦
							必嚇		必琰

			武經郎	士諃		左班殿直	士代	修武郎	士虖					
	承信郎	不過		不退	不遷			修武郎	不邇					
									善鏞				善鉒	
汝學									汝曇	汝認		汝訪	汝訒	汝壽
										崇徘	崇僕		崇濟	崇溓

武翼郎士祇　秉義郎士竨　右班殿直士䞓　敦武郎士碎　從義郎士齓

不逸　不逼

善鐙

汝祾　汝被　汝灊

崇璿　崇淰　崇瑑

		彭城郡公宗藝	河內侯仲鍪	保義郎士榮	
			贈左領軍衛將軍仲頎	成忠郎士怖	
				敦武郎士陪	
		南陽郡王、謚良孝宗績	鎮國公仲譽	武翼郎士誌	從義郎不溢
					保義郎不濆
					秉義郎

不怢	秉義郎	不湍												
		善惠	善恩											
			汝墳	汝淵				汝全	汝異					
				崇慵					崇膜	崇股	崇膧			崇肱
				必竑			必[illegible]		必鏠	必涑	必[illegible]	必臺	必堃	
				良[illegible]	良時	良嵫								

											修武郎	士胳		
							訓武郎	不汚			武經郎	不泯		
								善昌	善畀	善䖊		善頔	善涸	
		汝盈											汝峀	
崇臏	崇脯	崇悰	崇惕			崇憪							崇襹	崇襛
	必𣅈		必茞	必莪	必蒝									必微

												保義郎	不惑	右班殿
									善稽					
				汝鄙	汝淪			汝潩	汝紱	汝軨				
崇祛	崇祧	崇顴	崇稍		崇侮	崇僬	崇攸			崇睿	崇瑁			
										必沺				

									宣教郎士綵		
直不亶	修武郎不貪						不病	不貳	保義郎不渝	忠翊郎不珂	
	善元	善職	善傷	善聆		善晙				善儵	善鐸
		汝翩	汝壔	汝覿	汝逮	汝所					
			崇霰		崇僯	崇阷					

贈右領軍衛將

從義郎士瑨　贈武功郎士充

不惇　不沉　不違　不這　不適　武翼大夫不弊　承節郎　不徠　不妨

善珏　善禊　善栓　善昳

汝[彳松]

軍仲逢	濟陽侯仲慥										
	贈武功大夫士婠						武經郎士祛				
		不華	贈武經郎不憿				不湮				
			善璾	善璊			善秲				善稔
				汝譖		汝鉁	汝倉				汝儔
				崇壂	崇染		崇墬	崇壘	崇坙	崇墅	崇緹
				必帆				必□			必逯

承節郎 不憹 修武郎

善移 善樞 善杞 善極 善楮

汝偷 汝係 汝□ 汝解 汝喚

崇總 崇紋 崇繼 崇佈 崇稟 崇玧 崇忬

必悝 必恮

			武翼郎士鑿	武節大夫士芭				贈正奉大夫士蔭
不慬				修武郎不已				贈朝議大夫不愧
善驎				善琜	善瑜	善琇	善瑄	善珎	善瑎
汝緻	汝緝	汝約						汝蘧	汝宅
崇伏	崇圓							崇薾

							汝涯	崇墾	
							汝鉸		
						善瑀	汝鍪	崇菂	必厲
									必歷
					贈宣奉大夫不悔	善瓖	汝考	崇檮	必然
						善玩			
					朝散大夫不愘				
					承議郎不熅				
					武德郎不悱	善環	汝卯		
		贈太師、太子右							

循王、諡	思宗景													
率府副	率仲蕘	嘉國公	仲獬											
		修武郎	士鎧	從義郎	士㤨	左班殿	直士雅	右班殿	直士任	忠翊郎	士夙		忠翊郎	士賈
											不躡			
											善昌	善兆		
												汝腆		

武節郎士陞											
修武郎不岔										修武郎不蹐	
善鋻	善渼				善亶					善痗	善櫟
	汝鐇				汝讓	汝謟					汝貯
	崇僣	崇誠	崇警	崇課		崇嶒	崇崵	崇峒	崇崟	崇峭	
							必淕				

	不距			
		善寷		
		善皋		
	不躊			
	不蹣	善壂		
		善潔	汝誶	崇稼
			汝諿	
	不躁			
	不踦	善鑣	汝垩	
			汝棍	
忠翊郎				
士勔				
贈乾州				
團練使				
士濫	不貪	善超		

鎮東軍承宣使、成忠郎不費

贈司空、南陽郡王、謚恭康宗喬

仲溫

士禋

華陰侯仲沃

左藏庫使士琚

保義郎不詔

善俊

汝臬

崇德

必正

良誠

良忠

崇獎

必勇

良才

必榮

良正

良慶

良詵

良諭

良誼

								汝烈					
崇姚			崇嶽			崇衞		崇永	崇逃	崇鎮	崇誇	崇讕	崇譸
必邁	必祿		必恢		必謀	必煜			必鉐		必璸	必瑁	
	良澤	良洪	良璵	良瑺		良㷍	良詠						

	保義郎不詖		成忠郎不詛	不詐	武節郎不誹				不誕		
善能	善篔	善政			善潛				善祕	善祫	善禰
汝密	汝迻				汝瀸	汝鐸	汝僡	汝聰			汝聆
崇僐											
必鎬											

右千牛

武功大夫、榮州團練使士珆

不訥　不詭　修武郎不譎　保義郎不許　秉義郎不跪

善同　善從　善駿　善廼

汝匪　汝鐐　汝鐺　汝鍍

			陳國公、諡孝修宗孺			
衛將軍仲洸		右千牛衛將軍仲珽	溫國公、諡孝恪仲芮			
忠翊郎士進	成忠郎士釗		右班殿直士諆	武翼郎士鐃		
				忠翊郎不踰	秉義郎不戲	不逸
					善勵	
					汝燕	
					崇臻	

右侍禁士鉉	贈武節郎士[王叵]						從義郎士鉌	從義郎士銓
	忠訓郎不倞	贈承議郎不僬				武翼郎不憚		
	善長	善埴	善堂			善鄗		
	汝鈗		汝鏐	汝鎰	汝銅			

仲	士	不	善	汝	崇
崇國公仲諲	從義郎士慈	不儒			
		不亶			
		忠訓郎不煒			
高密侯仲晥	忠翊郎士侅				
	左班殿直士召				
	武翼郎士覛	忠訓郎不忮	善蘇	汝羔	
		承節郎不器	善稹	汝羨	崇憨
					崇德
					崇悊

					贈右朝散郎士趫	左班殿直士瞪	右班殿直士異	成忠郎士淬
	保義郎不座							
善秬	善穚			善棫	善光			
	汝賢	汝贇	汝贊	汝貴	汝羲			

文安侯仲枏

成忠郎士甗

贈武略郎士棧　成忠郎不慼　善覥　汝慶

汝度

汝從

武德郎士脩　成忠郎不諂

修武郎士麗　不冰

敦武郎士仳　忠翊郎不柬　善璦

善瓚

善珽

北海郡公宗制								
彭城侯仲雪								
左班殿直士機	右班殿直士珅	武經郎士璧		贈武節郎士渼				
		承信郎不各	不憉	不耀	成忠郎不濁	武翼郎不墳		
			善慗		善串	善屋		善鼎
			汝翼		汝穆	汝遨	汝遡	

	左班殿直士戁	武節郎士愗						
		進武校尉不言					承節郎不亮	從義郎不衮
善渼		善璕			善璒	善瓄		善斅
		汝祚	汝禂	汝䄄		汝禟	汝襘	汝汨
						崇仚		

					閬中郡公仲敵			濟州防禦使仲吟
			武經大夫士儹		右侍禁士縪	右侍禁士嫥	右班殿直士悛	修武郎士河
		不裒	不遯	不速		承節郎不懅		忠翊郎不箕
								善亨
汝祜	汝祺							

訓武郎不砢									
善疊	善言	善慶	善晰	善𤞞	善殁	善迨	善嬓		
汝宷	汝薪	汝熊	汝芹	汝宥	汝騤	汝龍	汝憲	汝寨	汝奮
崇伋									

								太子右內率府副率仲誥		華原侯
		武經郎士磚				從義郎	士辟		士亨	成忠郎
不越	不謬	承信郎不虐			不廢				不誂	
		善玉	善桐	善棣					善逊	
		汝內								

仲遐	士義			
饒陽侯仲沄	修武郎士訑			
	贈武義郎士僂	成忠郎不琝	善氤	汝楷
				汝機
				汝旃
				汝槐
			善俠	
			善氛	汝鐸
				汝鑑
			善氳	
		不玷	善佺	汝燹
			善俅	
			善昶	

				武翼郎士俠		武經郎士鐩			
贈武經郎不撓				保義郎不剝	不隱	保義郎不窒	成忠郎不窘		武翼郎不窉
善脩	善健	善孖			善切		善珮	善峴	善羿
		汝倓	汝拓						

					武節郎贈通奉	士崪								
						大夫不	擇							
善愼	善藟	善瑚	善珊	善瑇			善艭				善侃	善恷		
	汝正	汝鉚					汝昌	汝顒	汝荓	汝汨	汝湁	汝洌	汝瀧	汝淏

				忠訓郎	不搕	不扞								從事郎
善寧	善甹	善⿰火侖	善捔			善俁	善伋	善琭					善圍	
	汝卂							汝渼	汝稷	汝逮	汝潓	汝潤		

			敍承信	郎士僸						
不揉			保義郎	不侊	不蓋	不武	不慷	不合	不習	不性
善泙	善浯	善俯					善仲		善敞	
							汝璘		汝證	

楚王房

楚王、謚恭
贈左屯衛

憲元偁

大將軍允莊

贈汝州防禦使允則

詔以允升子繼楚王爲孫，高密郡王、謚孝惠宗達

東陽郡公仲烈

惠國公士岌

三班奉職不倦

贈武翼郎不諂

善榮

汝順

汝舟

崇履

崇士

崇向

崇戩

崇嚳

崇祉

必堅

必強

良肱

善義										善戩				
汝霰									汝嘉	汝孚				
崇舉		崇簡						崇冑	崇珏	崇晉	崇莘	崇觀		
	必興	必濟	必滋	必恭	必升	必謙	必信					必効	必欽
	良輔												

汝漸					汝茂		汝績			汝先				
崇速	崇逮	崇玷	崇迄	崇邂	崇揞	崇竑	崇梗	崇椅	崇棫	崇海	崇潤	崇瀾	崇溢	崇濯

									修武郎	不訥				
				善慶	善言					善治				善輔
汝渙					汝文					汝明		汝霽		
崇傷	崇儆	崇仰	崇儷		崇洽	崇博	崇發	崇覿		崇志	崇信	崇該	崇璵	
												必大		

武經大夫不諠													
善能				善長						善政			善俟
汝恭			汝和	汝會			汝綸	汝受	汝幹	汝澾	汝⿰日舌	汝企	汝翼
崇⿱竹鉻	崇檼	崇⿰言奇		崇倧	崇倪	崇便							

汝适

成忠郎不謀

建國公士紘
忠翊郎不遠
善資

忠訓郎不違

秉義郎不逆

成忠郎不速
善尊
汝由
汝更
汝晅

修武郎士循

贈左領軍衛將軍仲幾
贈保寧軍節度使觀察留後仲湯

從義郎士號
楚國公
士攛

不止
不匪
不逸

善巫
善敏
善巧
善彬

汝侵
汝憙
汝孚

崇閭

訓武郎	不忸													
	善膺													
	汝晦	汝時	汝映							汝昉				
			崇伋	崇剛	崇點	崇祵	崇軒	崇逵	崇聞	崇誠	崇硃	崇黯	崇宿	崇邴

						承節郎	不譁	承節郎	不惰					
									善軺					善軷
	汝曄								汝曉	汝祥	汝桂	汝隆	汝喚	汝俊
崇思	崇僎	崇彧	崇抃	崇惪	崇定									

			修武郎士桂								
			不義	保義郎不吝	忠翊郎不愚						
		善通		善和	善用					善同	善固
汝暉	汝諧				汝爲	汝功	汝安	汝寧	汝賢		
									崇珍		

右監門

左侍禁士撰　右班殿直士曬

承節郎不憂

善圓　善因　善回　善周

汝德　汝壽　汝粢　汝弼　汝能　汝明

率府率	仲錦	贈左領軍衛將軍仲洙									
			右班殿直士虢	右班殿直士慨	武翼郎士□	修武郎士嶠					
						承節郎不趡	不竦	不翊	不靖		
									善聞	善發	
									汝仁	汝明	

右監門
率府率
仲璝

忠訓郎
士□

武翼郎
修武郎
士戊
不觭
善澂
汝改

善陜

善淨

周王房

周王、謚恭
肅元儼

博平侯允
熙

定王允良
贈太師、
安康郡
王、謚孝

右監門
率府率

		榮宗絳	仲皴		
			贈右領軍衛將軍仲蓄		
			贈寧遠軍節度使仲綬	東頭供奉官士讅	承節郎不眆
					承節郎不快
				右侍禁士謻	
				成忠郎士莪	
				成忠郎	

蘄州防禦使仲收	士瓃
	成忠郎士蘁
	成忠郎士葱
	左班殿直士琫
	右侍禁士戣
	右侍禁士搴
	右班殿直士買
	右班殿

	直士相				
漢東侯仲撫	忠訓郎士瀦				
	左班殿直士沐				
	敦武郎士濊				
	武德郎士⿰王并	從義郎不伸	善敢	汝諻	
			善阜	汝辰	
		不僭			
		忠訓郎不傷	善收	汝遞	
				汝述	
			善敵	汝逾	

贈左領軍衛大將軍仲訪　象州刺史仲適

右班殿直士遣　右侍禁士憲　忠翊郎士谷　成忠郎

善檄　善欱

汝逖　汝遲　汝⿺辶皃　汝逘　汝遄　汝逡

	士㦸		
東陽侯仲兕	右侍禁士膚		
	承信郎士韍	不謏	
贈左領軍衞將軍仲䆄			
贈武功大夫、成州團練使仲丞	武翼郎士抳		
	武經大夫士遂	秉義郎不濊	善還
		從義郎	

忠翊郎	士鄈	成忠郎	士䍧	成忠郎	士馹			
不惎	承節郎	不愳	不思	忠訓郎	不恩	保義郎	不惑	不忒

南陽侯仲鑛	敦武郎士元	不怘		
	贈武節大夫士翾	訓武郎不瑨	善逮	
			善建	
			善還	
		保義郎不玷	善連	汝昌
			善近	汝昇
			善迻	
		從義郎不瑜	善逢	
	成忠郎士楛			

	武義大夫士準	承節郎不佔	
		秉義郎不仲	
		不仵	
		成忠郎不[忄松]	善誘
右監門衛大將軍仲培	右侍禁士椿		
	成忠郎士鬖		
	保義郎士宿		
	成忠郎		

和州防禦使仲成忠郎塡
士倬
士髟
武經郎訓武郎
士鬅
不復
善周
不忞
善旋
武經郎
士屽
不詒
不梅
貴州刺史仲埘成忠郎
士𧄍
太子右內率府

副率仲	堅	奉化侯贈	仲垩										
		明州	觀察使、	奉化侯	士褒						從義郎	士寅	
			太子右	監門率	府率不	逷	不湍	保義郎	不迬	不退	不返	承信郎	不攘	不迻

					不還							
					不迭							
		贈司空、普安郡王宗藺	高密郡公仲銛	武經郎士軛	保義郎不伐							
					成忠郎不獵	善學	汝能					
							汝夔					
						善愻						
					不驕							
					不爭	善壽	汝端					
					不危							
					不忒	善謀						
						善從						
						善言						

	右班殿	直士貸	秉義郎	士畛										
			承信郎	不隱	不回	不作	承信郎	不憻						
善誘								善翺					善抱	善憓
								汝孜	汝漆		汝惈	汝能	汝壽	汝玤
								崇典	崇良	崇賢			崇賢	崇禧

秉義郎士□
保義郎士邁
成忠郎士墾
成忠郎士珈

善琚
善⿰王區

汝琕
汝琖
汝瓖
汝祿
汝霖
汝賢

崇譽
崇諆

太子右內率府副率仲秉	中州㈠團練使仲涓							
成忠郎	士瑇	成忠郎	士濬	成忠郎	士玥	成忠郎朝請郎	士誠	成忠郎	士齡	成忠郎
							不將			

		馮翊侯宗史	贈左武衛大將軍仲孜	士林			
			贈左屯衛大將軍仲跂	忠翊郎士造			
		信都郡公宗劼	太子右內率府副率仲[illegible]				
			成州刺史仲摩	修武郎士頛			
				武節郎士讌	承節郎不忡	善邈	汝立

士誠	修武郎													
不慫					不恔		不惧		不悰	不怍	不惜	宣教郎		
善綱		善逸	善選		善邁		善遐	善遂	善迈		善遄			
汝倪		汝椿		汝林	汝桂	汝嘉	汝能		汝爲		汝楫		汝枝	汝覃

							承信郎	不忞	忠訓郎	不愬				不瓔
善經	善絢							善檝		善佪	善佸	善讘	善從	善璩
	汝俩	汝什	汝偳	汝攸	汝能	汝偰								

右千牛			仲衢	博平侯										
	士蹉	忠翊郎	士讘	從義郎								士卿	成忠郎	
							不慊	不憪				不悱		不悠
							善給	善詩	善續			善緒		
					汝作	汝儀	汝俊	汝霖		汝說	汝詳	汝諧		

	永嘉郡王、諡思恪允迪		
贈舒州團練使宗易	太子左監門率府率宗象	贈太保、簡王、諡康惠宗粹	
衞將軍成忠郎仲賦		太子右內率府副率仲翼	贈左屯衞大將
士雎			忠訓郎
			成忠郎

軍仲軾								
士鈑	敦武郎士鎮				忠訓郎士鑄		秉義郎士錸	
不競	贈訓武郎不昧				不欺	忠翊郎不闇		
善積	善耆	善倖	善珆	善峕	善叄	善灌		
	汝贊	汝蕃	汝僥	汝燧				

榮國公仲輗										
朝奉郎士鉞	忠訓郎士暉				右朝請大夫士恢			秉義郎士忻		
不旦	不苛		右迪功郎不蒻	不薄	忠訓郎不太		不菲		不礙	保義郎
	善贑	善瑄								
		汝瑲								

								建寧軍
			貴州團練使士僅					文州團練使士偁
不均	不羣	不宙	承信郎不矜	承節郎不懶	不悏	不羣	不空	不旦
								善敳
								汝弁

承宣使仲軒	右朝請郎士騸	不佞	善遵		
			善慶		
			善問		
			善良		
			善遯		
			善昡		
	武德郎士駸	忠翊郎不逸	善殿	汝墳	崇虎
				汝難	
			善禖	汝良	
				汝增	
			善偲		
		不違			
	秉義郎				

士儔	右班殿直士仡	武經大夫士侁				忠翊郎士琂	成忠郎士尙		
		修武郎不棨	忠訓郎不裕	不臬	不柔		不侮		
		善甾			善固		善懽		善儋
							汝諙	汝誐	汝柎

										永國公	仲彌			
						忠翊郎	士郎	成忠郎	士冒	右班殿	直士賛	贈右朝	散大夫	士叟
			贈朝奉	不佞									朝散大	夫不遽
善僂	善憧			善謐	善謚									善禘
汝析	汝梯	汝榑		汝梧										汝減

			保義郎	不速	武節郎	不汋			訓武郎	不違	保義郎	不運	不逺	不逘
善文	善璭					善謚	善誴	善謂		善佰				
汝鏞	汝錙	汝錪												

								武經郎士講				
不逭	不遷	不遶	不詫	不迋	不遑	不遒	不退	承節郎不訥	武經郎不謬			不譤
								善仝	善亦	善庶	善衆	

			武翼郎	士以						武翼郎	士琏			
不諛	不訶			不僫	不乏	不忝	不仇	不歁	不仄	承信郎	不逭	承信郎	不遒	承信郎
	善言	善章							善諹		善景			
											汝僖			

			德慶軍節度使仲温							
		忠訓郎士耘	武翼郎士精	從義郎士宿						
不退	不逮	不迋	保義郎不亂	左修職郎不敗						
		善享	善倖	善淳	善漼					善奭
			汝大		汝謂	汝謙	汝諒	汝詮	汝說	

			右監門衛大將軍仲鍠		忠州防禦使仲軠			和州防禦使仲輤						
			忠翊郎士隻		忠翊郎□□		忠翊郎士彥		修武郎士嫤					
									不矜	不懶				
善智	善信	善儋								善儔				
	汝謀													

博平郡王、諡安恭允初

詔以宗魯子繼允初爲孫，東陽侯仲速

贈左朝請大夫士旖

不倰

改贈朝散郎不領

承信郎

善積 善學 善長 善僧 善言 善能 善杰

汝儀 汝艾

不忒	忠訓郎不設								承信郎不括	贈中大夫不柔	
善結	善伶		善志				善綱	善肅		善籛	
	汝括	汝顏	汝瑄	汝珙	汝瓊	汝臧				汝自	汝昕
						崇雩					

														右迪功
				善謀	善悳							善紀	善韋	
汝晏	汝暆	汝昢	汝吾			汝封	汝昢	汝齊	汝暆	汝方	汝晏			

			從義郎士覩			成忠郎士旗				秉義郎
郎不器		承信郎不踰	不惑	承信郎不貪	不謬	不居				
善杰	善泰					善畕	善闓			
汝稽						汝誶	汝宏	汝絅	汝龔	

士廉

英宗四子：長神宗；次吳榮王顥；次潤王顏，早亡；次益端獻王頵。

吳榮王顥

馮翊侯孝純

晉康郡王追封□

孝騫

原郡公

安統

居欽

右千牛

衞將軍

安邵

居毅

居端

多福

自牧

自康

深甫

								居靖						
多壽			多譽		多謨			多才				多藝		
自師	自誠		自重	自明	自公	自達	自適	自祐		自正		自安	自顯	自謙
次甫	和甫	山甫	介甫	及甫	清甫			仲甫	生甫	華甫	茂甫		尹甫	吉甫

益端獻王	頵		
永國公孝錫	博平侯孝哲	檢校少保、淮康軍節度使孝詒	
安炳	安盛	汀州防禦使安祚	贈太師、追封文
居易			
多見			
自勉			
沓甫	章甫		

安郡王	安時													太子右
	居廣							居仁		居申		居修	居禮	
	多德	多義	多述	多識				多智	多功	多學	多益			
				自東	自欽	自恭	自純		自勤					
				亨甫										

		豫章郡王	孝參			
監門率府率安憲	太子右監門率府率安素	貴州刺史安正			右監門衞大將軍安民	右監門衞大將
			居民	居久		

軍安上

右監門衛大將軍安靜

太子右監門率府率安寵

太子右監門率府率安雅

太子右監門率府率安

贈司空、平原郡王孝											
叔	太子右監門率府率安紀			太子右監門率府率安謹			太子右監門率府率安䀂				

奕
檢校少保、寧武軍節度使孝騖

追封惠國公安信
康州刺史安中
右監門衞大將軍安世
太子右監門率

居中
居簡
居雋

多能
多助

自存
自任
自儉
自得
自廉

遵甫

府率安謐	居閎	多慶	自約
			自柔
		多賢	
太子右監門率府率安嗣			
太子右監門率府率安竇			
太子右監門率府率安			

檢校少保、	奉寧軍節度使、開府儀同三司孝忱		
式	太子右監門率府率安、郿	太子右監門率府率安戢	太子右監門率府率安祓

			順昌軍節度使孝頌
太子右監門率府率安明	太子右監門率府率安敘	太子右監門率府率安遜	太子右監門率府率安

檢校少保、靜江軍節度使孝愿

逸
太子右監門率府率安期
太子右監門率府率安節
安基
太子右監門率府率安

宅

太子右監門率府率安憲

贈司空、廣陵郡王孝永

忠州防禦使安止

居厚

多慧

多聞

自治

神宗十四子：長成王佾，次惠王僅，次唐哀獻王俊，次褒王伸，次冀王僩，次哲宗，次豫悼惠王价，次徐沖惠王倜，次吳榮穆王佖，次儀王偉，次徽宗，次燕王俁，次楚榮憲王似，次越王偲。惟佖、似、偲、俁四王有子，餘八王皆早亡。

贈侍中、尚書令兼中書令、徐州牧、吳王、謚榮穆佖	追封華原郡公有恪
	和義郡王有奕
	安遠軍節度使有常
	興寧軍節度使有章
太原成都牧、燕王俁	追封博平侯有隣
	追封文安侯有成

贈太師、尙書令兼中書令、冀州牧、楚王、謚榮憲似	永寧郡王有恭
眞定牧越王偲	追封河內侯有儀
	遂安軍節度使有忠
	右驍騎衛將軍有德

徽宗三十一子，欽宗爲長子，高宗爲第九子，棫之弟、材之兄也。㮤、楫、材、栱、椿、機早亡。

贈太師、尚書令、兗王、諡沖禧㮤

太原牧兼杭州牧、鄆王楷

贈太師、尚書令兼中書令、追封荆王、諡悼太保、保平

　　

徽楫

武寧軍節
度使、肅王
樞
太傅、荊南
鎮東軍節
度使、景王
杞
太傅、護國
寧海軍節
度使、濟王
栩
檢校太尉、
開府儀同
三司、淮海
節度、揚州

管內觀察處置等使、益王棫贈太師兼右弼、追封邠王、謚冲穆

材開府儀同三司、武勝興寧軍節度使、祁王

模開府儀同三司、寧江軍節度使、

莘王植(三)
開府儀同
三司、靜難
軍節度使、
儀王朴
山南東道
河陽三城
節度使、徐
王棣
劍南東川
威武軍節
度使、太保、
沂王樗
贈太師尚
書令、追封

鄆王、諡沖懿。

拱

瀛海安化軍節度使、檢校太傅、和王栻

慶陽昭化軍節度使、檢校太傅、信王榛

慶源軍節度使、檢校太保、贈太師兼右弼、追封漢王、

謚沖昭椿〔三〕

開府儀同三司、鎮安軍節度使、安康郡王楃

開府儀同三司、保静軍節度使、廣平郡王楗

贈太師兼右弼、陳王、謚悼惠機

武康軍節度使、檢校少保、相國公梴

平海軍節度使、檢校少保、瀛國公槭

開府儀同三司、武安軍節度使、建安郡王

楧

定國軍節度使、檢校

少保、嘉國公椅
雄武軍節度使、檢校少保、溫國公棟
集慶軍節度使、檢校少保、英國公櫶
保慶軍節度使、檢校少保、儀國公棡
淮康軍節

度使、檢校少保、昌國公柄

橫海軍節度使、檢校少保、潤國公、追封原王樅〔四〕

朴、榛、槵不知所終。楧從徽宗出，薨於青城。餘皆北遷。

欽宗二子：長皇太子諶，北遷；次訓，生于五國城。

高宗一子：元懿太子旉，三歲亡。

孝宗四子：長莊文太子愭，次魏惠憲王愷，次光宗，次開府儀同三司、淮康軍節度使〔五〕、邵悼肅王恪，早亡。

光宗二子：長保寧軍節度使梃，早亡，次寧宗。

寧宗九子：長不及名，次兗沖惠王埈，次邠沖溫王坦，次郢沖英王增〔六〕，次華沖穆王坰，次順沖懷王圻，次申沖懿王墌，次肅沖靖王垍，次邳沖美王坻，皆早亡。

校勘記

〔一〕中州　按宋代只有忠州，沒有「中州」，疑誤。

〔二〕莘王植　「莘」原作「萃」，據本書卷二二徽宗紀、宋會要帝系一之四二改。

〔三〕諭沖昭椿　「沖」原作「中」，據宋會要帝系一之四九、十朝綱要卷一五改。

〔四〕追封原王樅　「樅」字原脫，據本書卷二二徽宗紀、十朝綱要卷一五補。

〔五〕淮康軍節度使　「康」原作「原」。按本書地理志無「淮原」軍額，據宋會要帝系三之一五改。

〔六〕次郢沖英王增　「增」原爲墨丁，據本書卷三七寧宗紀補。

宋史卷二百三十四

表第二十五

宗室世系二十

魏王廷美十子：長高密郡王德恭，次廣平郡王德隆，次潁川郡王德彝，次廣陵郡王德雍，次鄖國公德鈞，次江國公德欽，次原國公德潤，無子，次申王德文，次姑臧侯德愿，無子，次紀國公德存。分爲八房。

高密郡王房

高密郡王	
諡慈惠德	

恭

循國公承慶

右班殿直克晤

建國公克繼

馮翊侯叔藻

太子右內率府副率勳之

太子右內率府副率葵之

利州觀察使釋之

三班借職公益

左班殿直公溥

	贈右奉議郎祿之										
右班殿直公潤	贈中大夫公回										
	彥球						彥禮				彥璆
	藻夫	衜夫			雍夫	丹夫	及夫		睦夫		
		時豺	時性	時愷			時息	時櫄	時拭	時括	

			榮國公叔敖							
			眞州防禦使聚之							
		保義郎公淵	武翼郎公秩						右侍禁公度	訓武郎
彥琳	彥瓌		彥元	彥通			彥仁	彥信		
	文夫			直夫						
				時俆						
				若濨	若澭	若涓				

				河內侯	徽之									
公素	武翼郎	公宰	公南	武翼郎	公賁									
		彥章			彥文	彥武								
						洪夫		勝夫	紹夫	經夫			繕夫	綬夫
						時俑	時龐			時幾		時垍	時柔	
										若鈞	若鏗			

								三班奉職長之	武經郎善之		
						右班殿直公明	公忱		從義郎公旦		
彥率									彥輹		彥質
綝夫		纘夫	緝夫	絢夫	維夫				覾夫	興夫	
時杰	時熊								時戩		
	若元								若斫		
	嗣傑										

從義郎公杲													公昪
彥尹												彥文	
愬夫					杰夫						次夫		
時昷	時休	時迎			時佁	時佫					時庒		
		若沼	若弧	若彊	若柯	若俁		若侁			若俶		
						嗣淦	嗣濆	嗣淪	嗣汋	嗣澁			

					武功大夫貴之							
公景	公昱	公俊	公義	公智	秉義郎公訓					武義大夫公譿		
					彥弢	彥瑀			彥⿰山屏	彥筌		
						瑾夫		珵夫		洸夫		仔夫
						時爛	時熷			時操		
						若塋	若壘			若熹	若杰	

														從義郎
彥籍							彥策							
悳夫	憑夫	思夫	心夫	愬夫		憐夫	儓夫	俐夫	侵夫	俫夫	僸夫	佲夫	軧夫	
	時儓			時滄	時湢		時輇							
	若倊													

		右班殿直正之	承議郎葆之							
公諝			忠翊郎公義						保義郎公倚	保義郎公傅
彥篪	彥鎰		彥逌							彥遷
憙夫			南夫		護夫					掄夫
			時樸	時僾	時旴			時矋		時嵩
				若玭	若蕙	若葱	若鏐			

								秉義郎寧之						
								公暐						
	彥遽							彥逾	彥連					
	臻夫			珹夫	瓓夫				絛夫				價夫	俺夫
時羲	時銳	時應	時鐬		時釿	時釗	時欀		時璣	時班	時瑞			
	若憲													

東平侯
叔夜
靜江軍
承信侯
叔劉

保義郎
元之

三班奉
職公顧
贈武略
大夫公
慧

彥油
彥濛
彥溥

俟夫
侗夫
使夫
偃夫
倍夫
偟夫

時曣

		彥治	彥瀆			彥滋	彥淄	彥泮		彥渝			彥潤	
	倂夫	偩夫	璚夫	長男幼	亡	居夫	玠夫	依夫	璲夫	[illegible]夫	玏夫			
時睽		時櫪					時柠				時檶	時楸		
												若通	若逡	

						北海侯克絢
						華陰侯叔蕃
		敏之	秉義郎寶之	武翼郎叩之	忠翊郎禾之	右監門衛大將軍、忠州刺史埏
秉義郎公皓	忠翊郎公俊		公壽	訓武郎公倧		
			彥璉	彥杭		

之 右侍禁成忠郎													
坦之													
公彥													
彥忞											彥京		
長二男	幼亡	讜夫			諄夫						倫夫		
		時勝		時騰	時顧	時碩	時頌	時灝			時簉	時栗	
		若質	若鑌				若瑾	若鏈	若榅	若榑			

								歷陽侯叔魚〔二〕	右千牛衞將軍叔詭	
									秉義郎道之	
							承事郎公立		秉義郎公誼	
						彥翔			彥純	
	佑夫			倨夫	憒夫				琳夫	
時澮	時要		時賁						時庸	時湝
	若湊	若家								若楡

								彥仁						
		琛夫					琝夫	璸夫						
	時貴	時藻						時需			時與	時革	時値	時孚
若楹		若楀		若檜	若楝			若澳	若灡	若濮				
		嗣昭	嗣曖		嗣守	嗣宥								

														中散大
	璉夫					瑁夫	瑨夫		璠夫	琁夫				
時睪	時暮	時衎	時翬	時翌	時阜	時蕃	時逸	時萊		時耕	時耙	時英	時[耒炎]	
若泌			若湝											
			嗣鐔											

												贈右朝請大夫逵之	
夫公諟												左朝請大夫公謹	
彥倚	彥[亻咸]											彥倇	
	牲夫	虢夫		幵夫	[䀠大]夫	惈夫	[習日]夫	龔夫				商夫	
		時雋	時昱					時常	時潮			時和	
		若瑙	若玩									若蘭	若瓊
												嗣通	嗣寬

		彥伊						彥傅						
嶬夫		端夫	瑀夫	[illegible]夫	竢夫			翃夫		棨夫	澈夫	燁夫		玫夫
時省	時叓				時曄		時傑	時芮	時雷	時充		時廣	時序	時譪
					若譜	若蕭	若怡							
							嗣濘							

太子右	內率府	副率叔	鼐（三）	太子右	內率府	副率叔	釃	廣平侯	叔羉					
								贈武經	郎榮之					
									公濟	修武郎	公澤			
											彥峴			彥畱
											玘夫		珣夫	玗夫
											時滮	時濂	時圀	時澶
											若枝	若訓		若檥
														嗣僊

							惠國公	克孝						
							高密郡	公叔老						
				興之	榮之	瑩之	南陽侯	誠之						
		公淳	公湜				保義郎	公信	修武郎	公輔				
	彥吧									彥正	彥仍			彥仁
											嶽夫		其夫	
時鑣											時璪	時瓛	時申	

右班殿直公與	承節郎公弼	修武郎公明	承節郎公綽	贈正奉大夫公稱				
	彥仙			彥慥	彥向			
					允夫			
					時得	時倫		
					若琿	若璣	若珇	若珋
					嗣靖	嗣宴		

亮夫														
時侃						時僊					時偕			
若璍					若𤫊	若𤥓	若璊			若混	若壅	若塗	若[illegible]	若壐
嗣永	嗣方			嗣亢	嗣立	嗣庚	嗣鏞	嗣鐩	嗣鏴					
	次曾	次昂	次昇	次旦										

													晃夫	
時偶		時俊											時伉	
若墿	若瓛	若珮		若珵						若璐	若琉		若瑝	若瑊
		嗣昌	嗣皐	嗣高	嗣亨	嗣充	嗣官	嗣交	嗣卞	嗣昱	嗣京	嗣亦		

												訓武郎	公朋
					彥愔	彥倫					彥倫		彥惇
	光夫					莌夫				芹夫			暕夫
	時儀	時俍		時□		時儁				時儇			時徯
若璩	若珇	若鏌	若鑣	若□		若珥	若珄出	繼	若瑍	若琢			
						嗣奇							

							秉義郎公純					武經郎公選
					彥愲		彥懌	彥惻		彥忻		彥忭
晛夫	昞夫	照夫	曉夫		暲夫			千夫		洮夫		妃夫
時份			時俔	時得	時詎	時謙		時穊	時檏	時慄		時瑧
若御										若濼	若漻	若熺

						成忠郎	公器							
	彥愭	彥恮	彥懫	彥恪	彥頤		彥愷							
墱夫							用夫							
時櫰							時僬				時儴			時伊
							若理	若瑾	若玲	若瑑	若玶	若琱	若玾	

					儔夫					休夫				
時湜	時洛	時融		時[illegible]	時歆	時額	時誙	時護	時韶	時鈁	時溪			時壏
		若璥	若瓊			若玶	若坴				若瑞	若珽	若鉘	若鐧

彥悌 彥恢

達夫 通夫

時洽 時鏆 時錝 時鉷 時錐 時鏵 時鉁 時物

若鍍 若僔 若事 若泒 若洽 若𣿅

				東頭供奉官通之						
				公權	左宣義郎公孫			成忠郎公綽		
彥憓			彥悅		彥翼	彥文	彥袞	彥翼		
涵夫		元夫					僠夫	礜夫		
時熘	時燏	時飾					時珹	時琥		
		若涯					若洴	若浩	若汾	若灛
									嗣儒	

公欲

贈銀青光祿大夫公言

彥操

南夫　獻夫　賢夫　賡夫

時迪　時迿　時迲　時迺　時迣

若灃　若沔　若淤　若瀸　若釪

嗣淇　嗣渙

心之	忠訓郎													
公高	保義郎													
彥強		彥揆					彥揀							
曇夫			譍夫				廙夫	贊夫	賀夫					
時瀁			時理	時玸		時瑑	時琛	時衛		時逴			時逋	時𨗨
若滓					若竦	若⿰女屏					若鑛	若錤	若鏵	

				贈承議郎存之			秉義郎望之		
				奉議郎公渙		公浚	從義郎公談		公訓
彥端	彥久			彥捔	彥駒	彥驤	彥伋	彥悃	彥堈
湴夫								梘夫	索夫
時漻	時炘								
若沸									

					保義郎	統之									
公諧	公詔	公諒	公讜	公議	從義郎	公翰									
						彥衡	彥豐					彥賓		彥[辶垂]
							強夫	勣夫		彝夫	耘夫	榦夫	勁夫	吟夫
							時琗	時玟	時璛			時衛	時淴	
												若稛		

建安侯叔滕
三班奉職補之　左侍禁護之　左屯衛大將軍卑之
保義郎公定　秉義郎公管　承節郎公琬　承節郎公璲
彥緻　彥術
道夫
時潛　時洋
若澱
嗣濵　嗣潤

武經郎和之	承信郎公畬	彥惠		
	公攇	彥悠		
		彥⿱占心	畱夫	時琉
			呰夫	
	公⿰王柬			
三班奉職信之				
秉義郎居之	修武郎公端	彥昌		
		彥晷	閏夫	時紆
				次男亡
				時⿰糹市
				時結
				時綡

					修武郎赫之							
				承信郎公正	公逸							
彥璀					彥儆		彥僊					
闓夫		閾夫	閭夫		悛夫	憒夫	憶夫	穆夫	怡夫			
時倲	時徏	時㐻							時迋	時祘	時沃	時漋
若桱												

		懌夫										惔夫		
時漎	時溒	時利	時浮	時溧	時溥	時漳	時沅	時洞	時遷			時逌	時冽	時攽
若檕								若數		若樠	若枅	若栩	若樻	

		愷夫		忖夫	愖夫				⿰忄節夫	⿰忄耆夫	悃夫			
	時涼	時鉟	時鍥		時淙	時淪		時枉	時溱	時漸	時濮			時淯
若枻						若楒	若槪		若杯		若樸	若樋	若櫅	若枋

											馮翊郎	叔主		
										寶之	右侍禁	愛之		三班奉
								公湜	公逵		從事郎	公說		
							彥頎	彥仁				彥輝	彥曜	
				愭夫	惲夫	憒夫		悟夫						
	時灤	時洋	時淀											
若樚	若櫭													

							叔紡		
職養之	忠翊郎譿之				成忠郎普之	從義郎仰之	開國公益之	忠翊郎健之	
	從政郎公覿							公鼎	秉義郎公鼐
	彥博	彥憫							彥諗
		撙夫	槮夫						懲夫
			時爛	時炡					時潤
									若琭

														彥誠
				習夫			燦夫			乂夫			澤夫	
時剛	時玠	時瑀	時珹	時宴	時遏	時側	時鉄		時鑌	時逹	時玑			
		若漚			若璃	若瀉	若淖	若漨	若泇		若湍	若演		

	保義郎盈之										
	公庠	保義郎公軫									
彥許	彥英	彥道	彥通	彥選	彥昭						彥輔
					莒夫	芇夫	僔夫		佩夫	保夫	
							時球		時鍨	時釤	
							若柟	若橓			

彥沚						彥時	彥煩				彥達	彥博	彥漢	彥橫
傛夫	僧夫				隱夫		楝夫							傆夫
	時湜		時譜	時鎮			時鍾	時鉛	時鈅	時錐				
	若瑄	若玗					若蕙	若淋						

										贈秉義郎公亶			
				彥易				彥突	彥峉		彥密		
奢夫	䄉夫	傜夫	儴夫		傯夫	仫夫	倂夫				俱夫		
					時樌						時選	時還	時遽
											若稙		

	彥威												彥寔	彥室
𠈇夫	佇夫					俿夫	禟夫		儡夫		伝夫	𠈋夫	優夫	備夫
	時延	時遺	時途	時遊	時邏		時蓮	時邌	時瞻	時暖	時顥	時透	時建	
	若詩	若遷												

						忠翊郎公寧							
				彥𥻘		彥客						彥突	
營夫			緣夫	仇夫		煌夫	𨘋夫		迢夫	徊夫		導夫	企夫
時邊	時𨙼	時𨗽	時遝	時𨕖	時𨗨		時迻	時昵		時眈	時䀎		

建安郡公叔柂

保義郎㜳之　三班奉職任之　三班奉職喜之　武翼郎寧之

公宖

彥翔　彥寯

伺夫　鄐夫　榮夫　諹夫

時越　時⿰車巴　時寧　時穹　時⿱穴賓　時空

				大安侯叔靖						
		秉義郎定之		武功大夫、果州團練使康之						
公富	公安			承信郎公溫		承信郎公濩		公演	公灝	贈武節
彥宮	彥空	彥宕								
	潡夫									

贈左屯衞大將軍叔昇
敦武郎叔扆
右侍禁叔侊
修武郎

三班奉職將之
延之

郎公潭
公浚

彥彬
彥鬱
彥楙
彥婪

錯夫
[illegible]夫
湲夫
澠夫

			叔旂	
			武翼郎叔禬	
		贈右屯衛大將軍克肖	河內侯叔慈	左班殿直得之
				左班殿直待之
			太子右內率府副率叔巘	
		祁國公克頟〔三〕	右監門率府率叔僧	

和國公叔象												
贈武功大夫且之												
訓武郎公櫅												
彥騋												
寵夫												寧夫
時楚	時棣		時朴				時柲		時楀			時概
若琰	若瑽	若璞	若璁		若玽	若瑥	若琩	若琤	若玤	若琲	若琝	
			嗣濾	嗣漫								

						訓武郎	公迨							
	彥駰						彥傻	彥倧			彥聽			
	詁夫	湊夫	宸夫	讜夫	詶夫		顟夫	預夫		溥夫	橋夫	涔夫		亹夫
時枅		時株	時浙					時⿰車彔	時轗	時櫑	時櫺	時料	時枱	時騙
若玡														

	公亞	武德郎	公珚										
			彥育							彥荀			
郡夫			銘夫	摎夫					宮夫	斆夫			
時蘇			時湟	時櫺				時習		時傑	時英		
					若琛		若遲	若瀧		若海	若韓		若虁
				嗣申	嗣宗	嗣宲				嗣貴	嗣俊	嗣芳	

				益州侯	叔匏		西頭供	奉官叔	勵				
		武忠郎	昪之	贈從義	郎廣之			左承直	郎崇之	明之	護之	修武郎	壼之
				武經郎	公寔				公賦				公汃
	彥辨			彥俄	彥侮				彥文				
				戒夫	成夫	戩夫							
若奭													
嗣甲													

											武當侯承壽
											饒陽侯克巳
											會稽郡公叔韶
										秉義郎崑之	房國公儉之
公珣											右千牛衞將軍公路
彥根								彥採	彥楮		
倈夫	德夫			醇夫							
時湉	時修			時佐	時儁						
若洪	若梅	若傅	若稷		若湻	若滈	若潢				
	嗣蕊										

清源侯公邵	彥魯	堯夫	時誂
	彥仍		
	彥辨		
右監門衞大將軍、領榮州刺史公鍊	彥玉		
	彥傳		
	彥向		
	彥尹		
華陰侯公緬	彥聖		
	彥荀		

彥才									彥汲					
會夫												端夫		
時富		時宓	時宋	時迭								時臻		
若謙	若謀	若謨		若憑		若怒	若忠	若僉	若節	若賢	若壎	若儀		若潛
				嗣荃	嗣英	嗣蘯	嗣茂					嗣澡	嗣澄	

			時育	時豐	時輔		時安							時鼎
若湊	若漾	若濛	若楫	若冲	若顏		若剛	若松	若鎬	若淵	若伊			若礪
					嗣昌	嗣厚	嗣嚞				嗣廉	嗣扃	嗣嗇	

						太子右內率府副率公謀	武經大夫公彥			
		彥楷		彥採	彥概		彥況	彥愈	彥莊	彥烈
	巖夫	瀕夫	薇夫							
時豪										
若僖										
嗣吉										

		彥博	
	右班殿直公佑		
	訓武郎公明	彥蘭	
	忠訓郎公鑑	彥雲	
		彥揚	
	修武郎公徹	彥一	秀夫
南陽侯深之	右監門率府率公禼		
	西頭供奉官		

公著	彥孟	正夫	時順	若古	嗣賢	次定
				若回	嗣佺	
					嗣伸	
					嗣楡	
			時明	若璉		
				若錞	嗣源	次山
					嗣榛	
					嗣揆	
					嗣楡	次向
				若欽		
				若鎮		
				若憲	嗣儀	
					嗣俘	
		忱夫	時寵	若鉷	嗣櫻	
					嗣梢	

				右監門衞大將軍叔曠							
				太子右內率府副率化之	平陽侯	脆之					
					訓武郎	公誨					
						彥世	彥聲	彥古			
		礽夫						許夫	誠夫		誠夫
		時璉	時勤						時言	時相	時備
嗣其	嗣侊										

				右侍禁公弼	右班殿直公翌							
				彥言	彥莊	彥祿						
		訙夫	誌夫			揄夫						
時夷	時儲		時鍵			時惇	時恬			時憙		
							若津	若珽		若輝	若崧	若彬
								嗣巖	嗣峑	嗣堪		嗣玥

東平郡公叔裒

淮陽侯致之　贈右屯衞大將軍命之

內殿崇班公元　公冕　訓武郎公竞　從事郎公覺

彥持　彥絪　彥玘　彥維　彥經

時憲

若埊

秉義郎公兌	贈通直郎公覽											
	彥惐	彥成										
		迵夫					邁夫					
		時懋	時沛				時應				時悊	時忞
			若懦	若懷			若周	若用		若閿		若宣
				嗣烇	嗣璄	嗣瑃	嗣瑞	嗣□	嗣□			嗣鍒

	洨夫							逢夫						
	時慶					時意	時愨	時佳						
若寧	若朴	若栱	若棉	若權	若機	若漢	若壚	若錡	若鐸		若鉿	若鑗	若釿	若鏊
嗣晛									嗣珙	嗣湞		嗣瑕		

				贈左中大夫肅之							
		從事郎公寬		贈金紫光祿大夫公峴							
彥威		彥駿		彥勛	彥勸	彥勤					
禨夫	敀夫	廉夫		逌夫	翩夫	戒夫				葳夫	戠夫
時囦		時純	時保	時佟	時滌	時尹	時瓊	時循	時征		時僭
若山				若溠							

				公靚	忠訓郎公規									
		彥勵				彥勵								
	軄夫	岐夫	峨夫			灌夫								泙夫
時徽		時楧	時珮			時棨							時樯	
			若𦢊			若僚	若沬	若澺	若晎	若潷	若澌	若珂	若瓏	
							嗣璣							

景陵侯　克基

華陰侯　叔材

武衛大將軍、橫州刺史　共之

修武郎　公奭

彥遙　彥還　彥道　彥遠

汧夫　端夫　竭夫　倚夫　奇夫　萴夫

時皆　時諠　時謰　時譏

若錕

				景城侯燭之						漢東郡
			秉義郎公□	修武郎公奕				承信郎公宰	朝奉大夫公宏	贈宣奉
彥達		彥進		彥升	彥道	彥顏	彥韓			
平夫	能夫									

公兩之														
大夫公	爽													
	彥千													彥博
	諟夫							諛夫		蒙夫				實夫
	時遂							時達	時迹	時逸			時迴	時逢
	若春		若智		若晢	若容	若著			若昦	若矑	若冑	若喚	若栻
	嗣裕	嗣掄	嗣鈔	嗣鏗										

	時逑	若瑜	嗣錨
		若璞	嗣鐠
		若琥	嗣鋏
贊夫	時适	若瑲	
	時遹		
	時繇		
	時繇	若窠	
贇夫	時迥	若曳	嗣鐵
	時邈	若玣	
		若⿰王扁	
	時遙	若璾	
		若瓅	
蕡夫	時亢		
資夫	時菖		
	時蓮		

				彥鑑									彥車	
			賈夫	溪夫	横夫	燧夫		域夫					汅夫	
時萱	時薦	時茁	時遨			時瑚	時僨	時僮		時儴		時𠇹	時速	
								若概	若禾	若穆	若稠	若宲	若沁	若漩

			彥里											
		灝夫	震夫	賓夫						朋夫	邦夫		炎夫	盥夫
時守				時迎					時遺	時邃	時運			時檡
若相	若拊			若班	若㻛	若慈	若志	若薰			若丕	若[illegible]		若壇
嗣儻				嗣涼	嗣滋									

太子右內率府						
三班奉職公吝	贈武義大夫公燮					
彥塼	彥本	彥協	彥庸			
固夫	博夫	賁夫	榮夫	柯夫	枘夫	
時協	時柳	時御				

													太子右
副率盡之	武顯大夫宜之												
	成忠郎公立		保義郎公袞										
		彥孟		彥近							彥迪	彥遜	
				尹夫									
				時健				時優		時⿰扌春			
				若珩		若珚	若瓂	若玗	若⿰金冓	若⿰日粤			
				嗣逸	嗣遇								

內率府副率叔華	太子右內率府副率叔瑩	右監門率府率叔豐	高密郡公叔朗〔四〕			
			太子右內率府副率或之	贈武翼		

大夫存贈訓武
之
郎公儀
彥明
彥晃
櫛夫
時玗
若栗
若淥
若[⺮舀]
時珊
時瑲
桐夫
彥暉
枘夫
時瑜
若輇
嗣章
若軻
若輔
時[王斥]
若輣
彥曦
桂夫
時[王夜]
時[王旱]
若[車婁]
時[王夔]

				楹夫						榹夫				
時璆	時琱			時琛	時珧	時琒	時璄	時珥	時珊	時璮		時瑅	時[illegible]	時玵
若縱	若輮	若軫	若[illegible]		若軺				若軿	若[illegible]	若輻			

									贈奉直大夫公	傑			
										彥早			
梃夫							杓夫	榴夫		棣夫			
時隸	時瑓	時珫	時琈	時瑠	時玲	時珀				時嘻	時現		
											若鑙	若鋙	若鍦

														武翼郎
													彥星	
	椿夫						林夫	楫夫	標夫				櫓夫	
	時乃			時鼐	時盈	時瑮			時兢				時譡	
若鍒	若緝	若綸	若盆						若鋸	若珗	若璽	若搏		

									贈懷州防禦使叔侯	
									文安侯議之	
公傳								承信郎公倚	三班奉職公辨	成忠郎公諤
彥銳	彥達				彥逵		彥訌			彥規
懭夫	萓夫		蕓夫		宓夫	簾夫				丙夫
	時忒	時應	時忠	時德						時淬
										若倧

三班奉職詠之		左侍禁翊之					武節大夫覺之
承信郎公彥	從事郎公譽	承節郎公庶				承節郎公度	承節郎公僅
		彥深			彥涓		
		其夫					
		時俸	時倢	時彬			
		若瓛	若鉦	若耿			
			嗣溭	嗣浩			

贈武翼郎公諒	彥睦	褒夫		
	彥轍	厚夫	時倖	
			時併	
		庌夫	時綺	
			時繪	
			時繡	
		度夫	時煎	
		麾夫		
		靡夫		
			時洔	
	彥鴻	測夫		
		接夫		
		湢夫	時壁	若燮
			時枏	

						朝請郎誘之							
				公愿	公明	公俊	公倄						
	彥輗	彥輖				彥迈	彥翽	彥翮				彥翔	彥翾
		逢夫	湝夫			珽夫		燡夫		煃夫			質夫
時林						時壈		時陘	時垐	時壖	時塎		

											成忠郎	保之	演之	贈左朝
	公僩	公儻	公价											
彥⿰犭幵			彥繹			彥縝			彥緎					
			瓌夫	瑟夫	翔夫	狓夫		翬夫	睍夫	⿰氵軌夫				
			時庾			時銖	時鐭	時涵		時鍸				

議大夫、直秘閣	訓之												
右文林郎	公淪		公渙										
	彥貢	彥勺	彥櫨			彥桐	彥權					彥楠	
	熑夫	爖夫	炬夫	焯夫		爟夫	烶夫					灺夫	烒夫
	時哄	時隧	時塾	時壇	時埜		時壂	時埤	時堛	時⿰土賓	時臺		時⿱豐土

						保義郎	洪之	保義郎	立之					
公濟				從義郎	公海			成忠郎	公愈					
彥檝									彥暘					
⿰火离夫	煉夫	炥夫	熣夫						週夫			暇夫		讀夫
		時塤							時錦	時鈀	時鋗	時鉄	時鉒	時⿰金會
												若煝		

保義郎舜之

公國
公征
承信郎公計

彥汝

沂夫
崟夫
視夫
簧夫
速夫
冢夫

時晳
時銷
時鋏
時⿰扌稟
時鏦
時鐃
時⿺辶劉
時蕰

若灊

												馮翊侯尹國公彭城侯	克修	
													叔充	
													撫之	洋國公武翼郎
	彥彼										彥諆			
	沰夫	温夫				㳆夫			眔夫	琄夫	沼夫			
時邇		時鍊	時钃	時鍑	時銅	時鏸	時鑹	時鑥						

百之														安康侯
公戩								節武侯	公戠					贈武德
彥琮	彥湜	彥尃							彥澤			彥穌		
		屌夫		曆夫					延夫	悳夫	滋夫	灼夫		
		時鑛	時棫	時潪		時潺	時澮		時楮			時珥		
			若坰	若墉	若壇				若雷			若原	若愿	

臨之														
公傑〔五〕														
彥猷										彥哲				
淪夫	纖夫		紺夫		絍夫					烮夫				
	時躋	時容	時偘	時偶	時俟	時忻	時佑	時湜	時湛	時穆	時煜	時範		
			若椽				若櫟				若榗	若琩	若碖	若磏
											嗣煉			

				贈武顯郎公濟									
		彥顏	彥實	彥武	彥成								
	泗夫			達夫									燮夫
時植	時遷			時賓	時振	時爕	時粲	時恭	時櫜	時桊	時棻	時㮚	時墍
若珀					若㻓				若潢				

		彥潁												
		高夫							鵬夫					冀夫
時圭	時學	時亨	時聰		時榑	時棆	時樺	時杓	時秉	時望	時機	時審		
			若玗	若瑲					若庸	若微		若湄	若淪	
			嗣惠											

太子右內率府副率旬之	三班奉職延之	右侍禁祐之	右侍禁						
		公舉	右班殿						
彥乃	彥洛	彥沼							
瓛夫		志夫	忭夫	悳夫	栵夫				
時澥	時瀉	時鉉	時湦						
若槼	若桁								

闢之	直公輔				
	公弼				
贈中散大夫持之	公适				
	保義郎公建	彥通			
		彥達			
	朝請大夫公邁	彥汲			
		彥淵			
		彥渙	文夫	時德	若滅
					若潒
				時愨	
				時憲	

彥宓														
恭夫					忍夫				愍夫				薏夫	
時瑷	時瑽	時⿰王討		時釙	時檽			時榴	時侈	時鎘	時鋹	時鋏	時況	時滬
		若套	若衷		若哃	若晧	若嚼		若⿰女赫	若⿰氵充	若[illegible]	若瀗		若租

			彥向									彥寓		
			墊夫	墼夫	埜夫							廛夫		
時淘	時泳	時渙		時櫸	時噤		時嗘		時呼	時嗞	時呥	時飭	時勷	時勸
					若涼	若涓	若溲	若涸						

	忠翊郎	公迪		秉義郎	公遠									
		彥莒	彥堅		彥慮				彥灝	彥厔			彥湘	
		鄘夫			永夫		言夫			苯夫			坑夫	錫夫
時勃		時仕			時灼		時熛	時烷		時零	時雲	時霣		時虎
					若槮	若櫥				若枂		若穚		若櫘

										武節郎載之			
		公遜								忠訓郎公份			
	彥溥	彥愻							彥津	彥昭			
		瑔夫	璡夫							眞夫	躋夫		
時彪		時礮	時礪		時礩		時碚				時澄	時泳	時渙
			若礫	若坊	若垛	若坎	若坰	若培				若靁	

								秉義郎	公傅					
				彦攸	彦晈	彦暐			彦國	彦頤		彦固	彦揚	
				濯夫		適夫	遜夫			肅夫			順夫	
時澈	時澧	時涓	時洤				時寀			時玠	時湞		時翊	時巘
若靄		若龍												

							贈宣義郎公倫					
彥章	彥爽				彥亨	彥褒	彥齊				彥交		
	溢夫	漼夫	通夫	受夫		軾夫	拜夫		⿰犭工夫	孖夫	鯉夫		
	時玜		時⿰王由			時⿰王爽	時勃	時勨			時鑾	時鐆	時鑒

秉義郎颺之										贈朝請郎糜之		
右承事郎公悦										訓武郎公愨		
彥範							彥篰			彥仁		
逢夫	佚夫						序夫	厖夫		珽夫	玩夫	釶夫
	時譓	時謞			時訸		時悉	時憲	時窸		時暶	
		若滮	洔	若汛	若汻	若汶						

														贈朝請
					彥傷									
鉅夫					璇夫								鋂夫	
時瀛	時洸	時滑	時洮	時渝	時湝		時涂					時泠		
					若鶚	若鷗	若麒	若麙	若鹿	若麗	若鑾			

大夫公	愈													
	彥侃													
	容夫					英夫					耆夫			執夫
	時衡					時㚈					時紱	時組	時緒	
	若淑		若濔			若澻	若濯	若汰	若潩	若灅	若湍		若竣	
	嗣祿	嗣複	嗣禮	嗣褍	嗣𥚃									

秦夫			諭夫	重夫										珷夫
時瑁	時瑒	時琿		時珽		時珵	時堅		時塗			時璽	時遷	時遽
				若浣	若邊	若淜	若樢	若椶	若棋	若栘	若樠	若邌		

彥偁	診夫	時芇	若液	嗣賫
			若積	嗣賱
		時蓮		
彥倕	蛻夫			
	倈夫			
	俀夫	時墅		
		時鑿		
	僤夫			
	倰夫			
	傈夫			
	俉夫			
	儦夫			
	偯夫			
彥偃	輧夫			
	轓夫	時珮		

									彥倪					彥倍
			轅夫	輪夫	軺夫	軫夫	輇夫	軾夫	瓐夫	珅夫	玘夫	玻夫	瑠夫	
時璽	時琲	時治											時紞	

		成忠郎	公惁											
彥倬	彥僎		彥醇											彥儈
			愓夫					愐夫			惻夫		憚夫	益夫
			時疇				時寋	時遽		時迒	時浪	時湍	時涪	時斌
			若椆	若槮	若蓁	若櫞		若皐	若凱					

				三班借職穆之	公璋		
					公顯		
				忠翊郎顯之			
			嘉國公叔于	景城侯勴之	左班殿直公侃		
					公偉		
					公佐		
					公僅		
				直之			
				贈修武郎劼之	武翼郎公順	彥陝	鄙夫
							受夫
					公秉		

忠訓郎公義													
彥輔							彥軾						
信夫			侁夫				傳夫	傑夫	价夫	偉夫	伸夫		伉夫
時京			時卞	時裦		時亥	時亦				時裹	時辜	時膏
若源			若浚	若湘	若瀾	若溱	若霽					若湒	若滭
嗣橚	嗣梓	嗣柱	嗣愿									嗣槃	

右班殿直勸之	修武郎助之									
	公謹									
					彥轔					
					份夫	僾夫				
時爕			時集		時正	時棄	時奕	時矗	時棄	
若澹	若瀛	若得	若囦	若涺				若錄		

三班奉職勤之	秉義郎劭之	左朝請大夫勸之					
		公鷹	公序	迪功郎公鼏			
				彥裊			彥昀
				熾夫	甾夫	桊夫	㮚夫
					時蜅	時虮	
					若𨋵	若璽	若轢

榮國公叔急

太子右內率府副率泳之 從義郎進之

公飪 將仕郎公鶩 公恭

棨夫 棻夫 榭夫 桸夫

時烽 時⿰火朱 時烟

右侍禁	益之	修武郎	湘之									左班殿	直說之	修武郎
		從義郎	公選	承節郎	公鼛	從義郎	公玘			承信郎	公瓌			
							彥諮	彥晉	彥試					

悆之	武翼郎	諟之												
		公著	公雅	成忠郎	公莘									
					彥迴	彥迅	彥遂							
							恢夫		悌夫					
							時坿	時坊	時堵				時塖	時培
								若鍭	若培	若垛	若境	若墫	若墳	
									嗣潽					

容州觀察使叔瑁

贈朝議大夫獻之

武經郎公晉

彥逮　彥遈

慨夫　烈夫　惝夫　惺夫

時壕　時塏　時埱　時坡　時埜　時垤　時坾　時堧　時圳

若鎰　若錫　若縉　若崇

	承信郎公嚴	彥脩	繩夫			
			絃夫			
敦武郎逃之	忠訓郎公健	彥漪	衡夫	時慄	若諮	嗣鎮
					若誠	嗣鏓
					若諘	
					若讜	
					若詒	
		彥湮	芳夫	時豹		
				時撫	若謙	嗣鍈
					若誥	
				時懞		
				時悛		
		彥安				

													公玠	公信
彥宥	彥宗	彥嵗				彥鉒				彥容	彥綺			
		皎夫	皓夫			儐夫	瞻夫	璠夫	瑎夫	顥夫	熊夫	候夫		
			時惜	時恰	時忭	時惰	時憒			時悟	時悚			

	右承議郎頔之												
公份	武翼郎公㥠												
	彥堦		彥墲										
	烝夫	譙夫	庭夫	磨夫	廩夫					庶夫	歷夫		
	時灖				時湑		時汭	時洣	時濡		時溋	時鋮	時涬
	若澩				若輷	若輍					若瑋		

彥壕				彥坤										
稹夫	稴夫	荳夫	葢夫	鎵夫		錧夫	鋒夫			鎦夫	砋夫		礩夫	磷夫
時濕	時瀅			時湴	時渢	時灧	時沐	時泐	時瀸		時詇	時詾	時諱	時諄

						濟陰郡公克淑								
						景國公叔夏								
						右驍衛大將軍、忠州團練使好之								
	公椿								三班借職公衮		忠訓郎公燮			承議郎
	彥彷	彥璞	彥圤									彥讜	彥謨	
		軺夫	鍃夫	鑈夫	鋃夫									
時讜														

公高			保義郎公邈	三班奉職公溉	三班奉職公奭	成忠郎公逵	成忠郎公邁		
彥琳	彥琈	彥理					彥回		
							剛夫		
							時胄		
							若僟	若倅	若伴

							忠訓郎 公戳	承信郎 公繆	武經郎 公章		
		彥倫	彥肅	彥韋	彥依	彥賷	彥廣		彥肅	彥聿	彥賷
	亞夫								忠夫		慧夫
									時瑱		時璁
若備											

安樂郡公叔蠆

太子右內率府

承信郎公逑　忠翊郎公裔　成忠郎公才　公說

彥幐　彥脤　彥服　彥肵　彥膳　彥腆　彥倫　彥依

逸夫

副率補之　奉議郎敎之　武德郎育之

公浩　公槐　公渙　三班借職公儍　承事郎公珣　訓武郎公瑞　秉義郎

彥芾　彥俊　彥鏞

罣夫

時慧

								廣平侯叔墀	東陽侯叔嫣	高密郡公叔攄
										武經郎應之
公珝	承節郎公璟									承節郎公恕
	彥侊									彥諷
	槩夫									吉夫
	時人	時濩	時瀼			時覶	時汰			時悌
		若渝	若涜	若浥	若灑					若浼

	介夫	遵夫							儁夫					
		時憺			時悔	時逕		時邇	時巡	時逢		時迋		
若冽		若軥	若䡺	若較		若珊	若璼	若瑚	若𤤺	若瓄	若玜	若珠	若瑖	若玸

										三班奉職睿之	敦武郎
	忠翊郎公憲						右迪功郎公祐				忠翊郎
	彥雱						彥倫	彥端	彥靈		
	遒夫		近夫	韶夫	遽夫	逅夫					
	時徵	時救		時敢		時獻					
若珦											

悆之	公哲	彥磬		
	公彥			
	公旦			
右朝議大夫志之	將仕郎公价			
	保義郎公璠	彥振	耦夫	時絢
				時繪
		彥佐		
		彥偉		
		彥僓		
		彥仔		
	將仕郎公衵	彥翊		

左班殿	
忠訓郎	愿之　厚之
	公永　公璘　公璪
	彥儹　彥密　彥定　彥安　彥寧　彥寔
	迺夫　迒夫　遼夫　逕夫　迆夫　迈夫　迕夫　薳夫
	時蒳　時薏

直叔熹
內殿承制叔枡
修職郎迪之
右班殿直叔祼

校勘記

〔一〕歷陽侯叔魚　「歷」原作「壓」，據宋會要帝系三之三六改。

〔二〕太子右內率府副率叔鼒　「副率」二字原脫，據劉敞公是集卷五四皇侄孫故太子右內率府副率叔鼒石記補。

〔三〕祁國公克頎　「祁」原作「祈」，據宋會要帝系三之二二改。

〔四〕高密郡公叔明　「叔」下一字似有缺筆，按宋會要帝系三之二四有「贈安化軍高密郡公叔朝」，不知是否此人。

〔五〕贈武德公傑　按「武德」下當有脫文。